VENTE

DE

Trente-huit Tableaux

PASTELS & DESSINS

PROVENANT DE

L'EXPOSITION DES ŒUVRES

DE

Monsieur AMAN-JEAN

JANVIER 1914

CATALOGUE

DE

Trente-huit Tableaux, Pastels

ET DESSINS

PROVENANT DE L'EXPOSITION DES ŒUVRES

DE

Monsieur AMAN-JEAN

Et dont la Vente aux Enchères publiques aura lieu

GALERIE MANZI, JOYANT

15, rue de la Ville-l'Évêque

LE VENDREDI 16 JANVIER 1914

A TROIS HEURES

COMMISSAIRE-PRISEUR

Mᶜ HENRI BAUDOIN, Successeur de M. Paul CHEVALLIER

10, rue de la Grange-Batelière

EXPERT

M. MANZI, 15, rue de la Ville-l'Évêque

EXPOSITIONS

PARTICULIÈRE : *Le Mercredi 14 Janvier 1914, de 1 h. 1/2 à 6 heures.*
PUBLIQUE : *Le Jeudi 15 Janvier 1914, de 1 heure 1/2 à 6 heures.*

CONDITIONS DE LA VENTE

Elle sera faite au comptant.

Les acquéreurs paieront *dix pour cent* en sus des enchères.

IMP. MANZI, JOYANT — PARIS

DÉSIGNATION

PEINTURES

1 — *Femmes au bord de l'eau.*

    Toile.

               Haut., 73 cent.; larg., 6o cent.

2 — *La Petite Jardinière.*

    Toile.

               Haut., 65 cent. ; larg., 5o cent.

3 — *Les Poissons rouges.*

    Toile.

               Haut., 1 m. 9i cent. ; larg., 55 cent.

4 — *Portraits en plein air.*

Toile.

Haut., 1 m. 96 cent.; larg., 2 m. 15 cent.

5 — *La Jardinière.*

Toile.

Haut., 73 cent.; larg., 60 cent.

6 — *Femme sur fond mauve.*

Peinture sur carton.

Haut., 55 cent.; larg., 45 cent. 1/2.

7 — *Venise pendant l'Inauguration du Campanile.*

Toile.

Haut., 89 cent.; larg., 1 m. 09 cent.

8 — *Venise pendant l'Inauguration du Campanile.*

Toile.

Haut , 89 cent.; larg , 1 m. 09 cent.

9 — *Nature morte.*

Toile.

Haut., 50 cent.; larg., 61 cent.

10 — *Petit torse nu.*

Peinture sur carton.

Haut., 55 cent.; larg., 45 cent. 1/2.

11 — *Venise : S. Giorgio Magiore.*

Toile.

Haut., 60 cent.; larg., 73 cent.

12 — *Venise : S. Giorgio Magiore.*

Toile.

Haut., 60 cent.; larg., 73 cent.

13 — *Nature morte : Le 14 Juillet.*

Toile.

Haut., 81 cent.; larg , 65 cent.

14 — *La Chevrière.*

Toile.

Haut., 73 cent.; larg., 60 cent.

15 — *Nature morte : Le Chou.*

Toile.

Haut., 60 cent.; larg., 73 cent.

16 — *Le Beau voyage.*

Toile.

Haut., 60 cent.; larg., 73 cent.

17 — *Baigneuses au bord de la Marne.*

Toile.

Haut., 60 cent.; larg., 73 cent.

18 — *Venise : Porteuses de pastèques.*

Toile.

Haut., 60 cent.; larg., 73 cent.

19 — *Amphitrite.*

Peinture sur carton ovale.

Haut., 83 cent.; larg., 66 cent. 1/2.

20 — *Jeune Fille dans une robe de sa grand'-*
mère.

Toile.

Haut., 1 m. 34 cent.; larg., 97 cent.

21 — *La Veste bleue.*

Peinture sur carton ovale.

Haut., 82 cent.; larg., 65 cent.

22 — *Trois Femmes au bord de la Marne.*

Toile.

Haut., 73 cent.; larg., 60 cent.

23 — *Au bord de la Marne : Baigneuses se*
rhabillant.

Toile.

Haut., 92 cent.; larg., 73 cent.

3000

24 — *La Toilette*.

Toile.

Haut., 73 cent.; larg., 60 cent.

2.200

25 — *Nocturne*.

Toile.

Haut., 1 m. 16 cent.; larg., 89 cent.

60

26 — *Le Collier d'ambre*

Peinture sur carton.

Haut., 55 cent.; larg., 46 cent.

PASTELS ET DESSINS

27 — *Femme, vue de face, sur fond vert et bleu.*

 Croquis au pastel.

     Haut., 41 cent.; larg., 33 cent.

28 — *Le 14 Juillet.*

 Pastel et aquarelle.

     Haut., 1 m. 91 cent.; larg., 55 cent.

29 — *Petite Fille en bleu.*

 Pastel.

     Haut., 45 cent.; larg., 37 cent.

30 — *Femme au chapeau.*

 Pastel et aquarelle.

     Haut., 60 cent.; larg., 41 cent.

31 — *Deux Femmes nues.*

 Pastel.

     Haut., 72 cent.; larg., 60 cent.

32 — *Amphitrite.*

Dessin en couleurs.

Haut., 37 cent. 1/2 ; larg., 54 cent.

33 — *Petit nu.*

Dessin à l'aquarelle.

Haut., 47 cent.; larg., 29 cent.

34 — *Femme au domino.*

Pastel et aquarelle.

Haut., 62 cent.; larg., 50 cent.

35 — *Femme au manteau.*

Pastel.

Haut., 52 cent.; larg., 38 cent.

36 –- *Deux Femmes. (Étude.)*

Pastel.

Haut., 65 cent.; larg., 44 cent.

37 — *Le Petit Chat.*

Pastel.

Haut., 53 cent.; larg., 47 cent.

38 — *Femme au manteau, vue de dos.*

Pastel.

Haut., 60 cent.; larg., 42 cent.